Papst Franziskus

# Europa, wach auf!

Papst Franziskus

# *Europa, wach auf!*

## Die Straßburger Reden

Herausgegeben von Volker Resing,
mit einer Einführung von Gudrun Sailer

HERDER

FREIBURG · BASEL · WIEN

MIX
Papier aus verantwortungsvollen Quellen
FSC® C083411


www.herder.de


Umschlaggestaltung: Verlag Herder
Umschlagmotiv © Patrick Herzog/AFP/Getty Images
Satz: Barbara Herrmann, Freiburg
Herstellung: CPI books GmbH, Leck

Printed in Germany

ISBN: 978-3-451-06805-8

# *Inhalt*

*Einführung*

# Doppel-Enzyklika für Europa

Die Visite von Papst Franziskus in Straßburg unterschied sich von allen anderen, die er zuvor in seinem gut eineinhalb Jahre währenden Pontifikat absolviert hatte: kurz, kühl und mit langen Reden. Es war mit knapp vier Stunden die kürzeste Auslandsreise eines Papstes in der Kirchengeschichte. Auf Wunsch von Franziskus war keine Begegnung mit Gläubigen eingeplant, somit entfielen weithin Jubel und Willkommens-Plakate für diesen doch so polulären Papst. Nichts sollte von den Inhalten ablenken. Franziskus legte in Straßburg seine zwei bisher längsten Reden vor, eine Doppel-Enzyklika für Europa.

Mehr denn als Mahner sieht er sich als Ermutiger und Überbringer einer Hoffnung. Es sind einwandfrei die Reden eines Papstes.

Zwei Aspekte an den Europa-Ansprachen sind charakteristisch für Papst Franziskus: zum einen das Einschwören auf Dynamik, zum anderen das Augenmerk auf einen erweiterten Begriff von Lebensschutz, den dieser Papst in seinem Lehramt entwickelt.

Der Aufruf zur Dynamik findet sich besonders stark in der zweiten Rede, jener vor dem Europarat, die unter dem Generalthema des Friedens steht. Die politischen Akteure des Kontinents müssen akzeptieren, dass Europa sich ändert, dass Völker »entstehen, wachsen und sich auf die Zukunft hin orientieren«, ohne dass das gleich zu Vormachtstreben und Krieg führen dürfe. Franziskus mahnt zum Überwinden nationaler Egozentrik mittels Dialog, Dialog selbst mit Partnern, die zunächst misstrauisch beäugt werden. In sich selbst zu verharren, führt niemanden in die Zukunft: »Ein Europa, das nur innerhalb der geschlossenen Zugehörigkeitsgruppen dialogisiert, bleibt auf halbem Wege stehen.« Aus sich herausgehen: Das ist dieselbe Dynamik, die Franziskus der katholischen Kirche verordnet. Er wünscht eine Kirche im ständigen Aufbruch, die voranschreitet, aufbaut und bekennt, zunächst aber eben voranschreitet. Eine Kirche, die lebendige Gemeinschaft des Glaubens ist und in ihrer Dynamik da draußen auch einmal anrennt, was allemal heilsamer ist als es sich zu Hause unter Gleichgesinnten und Altbekanntem gemütlich einzurichten, während die Welt dann eben ohne das Christentum weitermacht.

In die Rede von der Dynamik webt der Papst ein weiteres Lieblingsmotiv ein. Es geht um Raum und Zeit, Kategorien, die er in diesem Fall auf Krieg und Frieden münzt. Franziskus definiert Krieg als Streben, »Räume zu besetzen und Prozesse einzufrieren«. Raum ohne Zeit gewissermaßen, tödlicher Raum. Frieden könne demgegenüber nur in einer ständigen Haltung der Dynamik entstehen, mit Prozessen, die in Gang gesetzt und begleitet werden müssen. Frieden braucht nicht Räume, sondern Taten, so der Papst: Handlungen, die eine »neue Dynamik in der Gesellschaft« anstoßen und Menschen und Gruppen einbeziehen, die solche Handlungen setzen.

Der zweite leitmotivische Gedanke der beiden Europa-Reden gilt dem Lebensschutz. Das Wort taucht in den Ansprachen nur einmal auf, ist aber ihr Oberton. Lebensschutz meint nach klassischer kirchlicher Auffassung besonders das Nein zu Abtreibung und Euthanasie, Themen, die in Europa mit erbitterter Wucht verhandelt werden. Knapp neun Monate nach Amtsantritt schrieb Franziskus in *Evangelii Gaudium* zum Thema Abtreibung unumwunden, menschliches Leben sei »immer etwas Heiliges und Unantastbares, in jeder Situation und jeder Phase seiner Entwicklung«, die Kirche werde ihr Ja zum Leben niemals preisgeben.

Zugleich hat Franziskus den Begriff des Lebensschutzes erweitert ohne seine engere Bedeutung abzuschwächen. Über Anfang und Ende hinaus lenkt er den Blick auf die Lebensmitte, wenn er unsägliche Attacken auf die Menschenwürde denunziert, deren Zeugen wir heute sind. In seinen Europa-Reden nennt er sie alle, die Kategorien von Menschen, deren Existenz buchstäblich auf der Kippe steht: die Ungeborenen und Todkranken ebenso wie die Migranten und Asylsuchenden, die Opfer des Menschenhandels und der Ausbeutung, auch in der Arbeitswelt, die neuen Sklaven, die Jugendlichen ohne Job und Perspektive, die Armen und Obdachlosen, die Opfer von Krieg, Gewalt und Terrorismus, von Waffenhandel und Umweltzerstörung. Nicht zuletzt Franziskus' berühmtes Verdikt »diese Wirtschaft tötet« (aus *Evangelii Gaudium*) zielt auf seinen erweiterten Begriff von Lebensschutz.

Die politisch konsensfähige Entsprechung eines so verstandenen Lebensschutzes ist die Formel Menschenrechte: nicht zufällig der zentrale Begriff in beiden Europa-Reden des Papstes. An der Vorstellung, jeder Mensch habe unveräußerliche Rechte, reklamiert Franziskus so wie seine beiden Vorgänger Johannes Paul II. und Benedikt XVI. Urheberrechte des Christentums. Ausdrücklich würdigte der Papst in Straßburg die in Europa tief verwurzelte Sensibilität für die Menschenrechte, warnte zugleich aber vor jener Fehlentwicklung, die individuelle Rechte über das Gemeinwohl stellt. Im geistigen Zuschnitt Europas deckt Franziskus einen existenziellen Widerspruch auf, der sich verschärft. Das Pochen auf die Rechte des Einzelnen konterkariert eine unmenschliche Wegwerfkultur, ein emotionslos kalkulierendes Aussondern von »menschlichem Ballast«. Umfassende Rechte genießen in einer solchen zynischen Sicht ausschließlich jene Männer und Frauen, die den materiellen Wohlstand ihrer Gemeinschaft mehren.

Demgegenüber schwört Franziskus die Bürger Europas auf den Schutz des Lebens ein, gleich wie es beschaffen ist. Der »Gebrechlichkeit der Völker und Menschen« sollen sich europäische Abgeordnete annehmen, »Kraft und Zärtlichkeit« aufwenden und einen Kontinent nach dem Maß des Menschen schaffen, der »kein Spielball der Moden und Mächte« sein darf. »Die Menschenwürde zu behaupten bedeutet, die Kostbarkeit des menschlichen Lebens zu erkennen, das uns unentgeltlich geschenkt ist und deshalb nicht Gegenstand von Tausch oder Verkauf sein kann.« Das ist einer der Schlüsselsätze der Europa-Reden.

Der Papst aus der neuen Welt schreibt den alten Kontinent nicht als »unterwegs abhanden gekommen« ab. Vielmehr verordnet er ihm eine geistige

Frischzellenkur, die dynamisch und immer neu aus dem christlichen Erbe schöpft, ohne das Christentum aufzudrängen. Franziskus entlässt Europa nicht aus der Verantwortung für den Menschen.

*Gudrun Sailer*

Gudrun Sailer, geb. 1970 in St. Pölten, hat als Redakteurin im deutschsprachigen Programm von Radio Vatikan zahlreiche Reisen der Päpste begleitet, sie war auch in Straßburg dabei und hat mehrere Bücher über den Vatikan veröffentlicht.

*Papst Franziskus*

# Die Rede vor dem Europaparlament

Herr Präsident, meine Damen und Herren Vizepräsidenten,
verehrte Europaabgeordnete und alle, die in den verschiedenen Arbeitsbereichen dieser Einrichtung tätig sind, liebe Freunde,

ich danke Ihnen für die Einladung, vor dieser Institution, die für das Leben der Europäischen Union grundlegend ist, das Wort zu ergreifen, und für die Gelegenheit, die Sie mir bieten, mich über Sie an die über 500 Millionen Bürger zu wenden, die Sie in den 28 Mitgliedsstaaten vertreten. Meinen besonderen Dank möchte ich Ihnen, Herr Parlamentspräsident, ausdrücken für die freundlichen Worte, mit denen Sie mich im Namen aller Mitglieder der Versammlung willkommen geheißen haben.

Mein Besuch findet in einem zeitlichen Abstand von mehr als einem viertel Jahrhundert nach dem von Papst Johannes Paul II. statt. Vieles hat sich seit jenen Tagen in Europa und in der ganzen Welt verändert. Es existieren nicht mehr die gegensätzlichen Blöcke, die damals den Kontinent in zwei Teile teilten, und langsam erfüllt sich der Wunsch, dass »Europa sich souverän freie Institutionen gibt und eines Tages sich in die Dimensionen entfalten kann, die die Geografie und mehr noch die Geschichte ihm gegeben haben«.[1]

Neben einer weiträumigeren Europäischen Union gibt es auch eine Welt, die komplexer geworden und stark in Bewegung ist. Eine Welt, die immer stärker vernetzt und global und daher auch immer weniger »eurozentrisch« ist. Einer ausgedehnteren, einflussreicheren Union scheint sich jedoch das Bild eines etwas gealterten und erdrückten Europas zuzugesellen, das dazu neigt, sich in einem Kontext, der es oft nüchtern, misstrauisch und manchmal sogar argwöhnisch betrachtet, weniger als Protagonist zu fühlen.

Indem ich mich heute an Sie wende, möchte ich aufgrund meiner Berufung zum Hirten an alle europäischen Bürger eine Botschaft der Hoffnung und der Ermutigung richten.

Eine Botschaft der Hoffnung, die auf der Zuversicht beruht, dass die Schwierigkeiten zu machtvollen Förderern der Einheit werden können, um alle Ängste zu überwinden, die Europa – gemeinsam mit der ganzen Welt – durchlebt. Eine Hoffnung auf den Herrn, der das Böse in Gutes und den Tod in Leben verwandelt.

Eine Ermutigung, zur festen Überzeugung der Gründungsväter der europäischen Union zurückzukehren, die sich eine Zukunft wünschten, die auf der Fähigkeit basiert, gemeinsam zu arbeiten, um die Teilungen zu überwinden und den Frieden und die Gemeinschaft unter allen Völkern des Kontinentes zu fördern. Im Mittelpunkt dieses ehrgeizigen politischen Planes stand das Vertrauen auf den Menschen, und zwar weniger als Bürger und auch nicht als wirtschaftliches Subjekt, sondern auf den Menschen als eine mit transzendenter Würde begabte Person.

Es liegt mir vor allem daran, die enge Verbindung hervorzuheben, die zwischen diesen beiden Worten besteht: »Würde« und »transzendent«.

Die »Würde« ist ein Schlüsselwort, das den Aufschwung der zweiten Nachkriegszeit charakterisiert hat. Unsere jüngere Geschichte zeichnet sich dadurch aus, dass die Förderung der Menschenwürde zweifellos ein zentrales Anliegen war gegen die vielfältige Gewalt und die Diskriminierungen, an denen es im Laufe der Jahrhunderte auch in Europa nicht gefehlt hat. Das Wahrnehmungsvermögen für die Bedeutung der Menschenrechte entsteht gerade als Ergebnis eines langen, auch aus mannigfachen Leiden und Opfern bestehenden Weges, der dazu beigetragen hat, das Bewusstsein für die Kostbarkeit, Einzigkeit und Unwiederholbarkeit jedes einzelnen Menschen heranzubilden. Dieses kulturelle Bewusstsein hat seine Grundlage nicht nur in den Ereignissen der Geschichte, sondern vor allem im europäischen Denken, das gekennzeichnet ist durch ein reichhaltiges Zusammenfließen, dessen vielfältige, weit zurückliegende Quellgründe »aus Griechenland und aus Rom, aus keltischem, germanischem und slawischem Boden und aus dem Christentum [stammen], das sie tief geprägt hat«[2] und so zu der Idee der »Person« führte.

Heute spielt die Förderung der Menschenrechte eine zentrale Rolle im Engagement der

Europäischen Union, mit dem Ziel, die Würde der Person zu stützen, sowohl innerhalb Europas als auch in der Beziehung zu den anderen Ländern. Es handelt sich um ein wichtiges und bewundernswertes Engagement, denn es bestehen immer noch zu viele Situationen, in denen Menschen wie Objekte behandelt werden, deren Empfängnis, Gestaltung und Brauchbarkeit man programmieren und sie dann wegwerfen kann, wenn sie nicht mehr nützlich sind, weil sie schwach, krank oder alt geworden sind.

In der Tat, welche Würde besteht, wenn die Möglichkeit fehlt, frei die eigene Meinung zu äußern oder ohne Zwang den eigenen Glauben zu bekennen? Welche Würde ist möglich ohne einen klaren juristischen Rahmen, der die Gewaltherrschaft begrenzt und das Gesetz über die Tyrannei der Macht siegen lässt? Welche Würde kann jemals ein Mensch haben, der zum Gegenstand von Diskriminierung aller Art gemacht wird? Welche Würde soll jemals einer finden, der keine Nahrung bzw. das Allernotwendigste zum Leben hat und – schlimmer noch – dem die Arbeit fehlt, die ihm Würde verleiht?

Die Würde des Menschen zu fördern, bedeutet anzuerkennen, dass er unveräußerliche Rechte besitzt, deren er nicht nach Belieben und noch weniger zugunsten wirtschaftlicher Interessen von irgendjemandem beraubt werden kann.

Man muss aber Acht geben, nicht Missverständnissen zu verfallen, die aus einem falschen Verständnis des Begriffes Menschenrechte und deren widersinnigem Gebrauch hervorgehen. Es gibt nämlich heute die Tendenz zu einer immer weiter reichenden Beanspruchung der individuellen – ich bin versucht zu sagen: individualistischen – Rechte, hinter der sich ein aus jedem sozialen und anthropologischen Zusammenhang herausgelöstes Bild des Menschen verbirgt, der gleichsam als »Monade« (μονάς) zunehmend unsensibel wird für die anderen »Monaden« in seiner Umgebung. Mit der Vorstellung des Rechtes scheint die ebenso wesentliche und ergänzende der Pflicht nicht mehr verbunden zu sein, so dass man schließlich die Rechte des Einzelnen behauptet, ohne zu berücksichtigen, dass jeder Mensch in einen sozialen Kontext eingebunden ist, in dem seine Rechte und Pflichten mit denen der anderen und zum Gemeinwohl der Gesellschaft selbst verknüpft sind.

Ich meine daher, dass es überaus wichtig ist, heute eine Kultur der Menschenrechte zu vertiefen, die weise die individuelle, oder besser die persönliche Dimension mit der des Gemeinwohls – mit jenem »Wir alle«, das aus Einzelnen, Familien und kleineren Gruppen gebildet wird, die sich zu einer sozialen Gemeinschaft zusammenschließen«[3] – zu verbinden versteht. Wenn nämlich das Recht eines jeden nicht harmonisch auf das größere Wohl hin ausgerichtet ist, wird es schließlich als unbegrenzt aufgefasst und damit zur Quelle von Konflikten und Gewalt.

Von der transzendenten Würde des Menschen zu sprechen, bedeutet also, sich auf seine Natur zu berufen, auf seine angeborene Fähigkeit, Gut und Böse zu unterscheiden, auf jenen »Kompass«, der in unsere Herzen eingeschrieben ist und den Gott dem geschaffenen Universum eingeprägt hat.[4] Vor allem bedeutet es, den Menschen nicht als ein Absolutes zu betrachten, sondern als ein relationales Wesen. Eine der Krankheiten, die ich heute in

Europa am meisten verbreitet sehe, ist die besondere Einsamkeit dessen, der keine Bindungen hat. Das wird speziell sichtbar bei den alten Menschen, die oft ihrem Schicksal überlassen sind, wie auch bei den Jugendlichen, die keine Bezugspunkte und keine Zukunfts-Chancen haben; es wird sichtbar bei den vielen Armen, die unsere Städte bevölkern; es wird sichtbar in dem verlorenen Blick der Migranten, die hierhergekommen sind, auf der Suche nach einer besseren Zukunft.

Diese Einsamkeit ist dann durch die Wirtschaftskrise verschärft worden, deren Wirkungen noch andauern mit Konsequenzen, die unter gesellschaftlichem Gesichtspunkt dramatisch sind. Zudem kann man feststellen, dass im Laufe der letzten Jahre mit dem Prozess der Erweiterung der Europäischen Union eine Steigerung des Misstrauens der Bürger gegenüber Institutionen einhergeht, die als fern betrachtet werden, damit beschäftigt, Regeln aufzustellen, die als weitab von der Sensibilität der einzelnen Völker, wenn nicht sogar als schädlich wahrgenommen werden. Von mehreren Seiten aus gewinnt man den

Gesamteindruck der Müdigkeit, der Alterung, die Impression eines Europas, das Großmutter und nicht mehr fruchtbar und lebendig ist. Demnach scheinen die großen Ideale, die Europa inspiriert haben, ihre Anziehungskraft verloren zu haben zugunsten von bürokratischen Verwaltungsapparaten seiner Institutionen.

Dazu kommen einige etwas egoistische Lebensstile, die durch einen mittlerweile unhaltbaren Überfluss gekennzeichnet und oft ihrer Umgebung, vor allem den Ärmsten gegenüber gleichgültig sind. Mit Bedauern ist festzustellen, dass im Mittelpunkt der politischen Debatte technische und wirtschaftliche Fragen vorherrschen auf Kosten einer authentischen anthropologischen Orientierung.[5] Der Mensch ist in Gefahr, zu einem bloßen Räderwerk in einem Mechanismus herabgewürdigt zu werden, der ihn nach dem Maß eines zu gebrauchenden Konsumgutes behandelt, so dass er – wie wir leider oft beobachten –, wenn das Leben diesem Mechanismus nicht mehr zweckdienlich ist, ohne viel Bedenken ausgesondert wird, wie im Fall der Kranken, der Kranken im Endstadium, der verlassenen Alten ohne Pflege oder der Kinder, die vor der Geburt getötet werden.

Es ist das große Missverständnis, das geschieht, »wenn sich die Verabsolutierung der Technik durchsetzt«,[6] die schließlich zu einer »Verwechslung von Zielen und Mitteln«[7] führt. Das ist ein unvermeidliches Ergebnis der »Wegwerf-Kultur« und des »hemmungslosen Konsumismus«. Dagegen bedeutet die Menschenwürde zu behaupten, die Kostbarkeit des menschlichen Lebens zu erkennen, das uns unentgeltlich geschenkt ist und deshalb nicht Gegenstand von Tausch oder Verkauf sein kann. Sie sind in Ihrer Berufung als Parlamentarier auch zu einer großen Aufgabe ausersehen, die vielleicht unnütz erscheinen mag: sich der Gebrechlichkeit anzunehmen, der Gebrechlichkeit der Völker und der einzelnen Menschen. Sich der Gebrechlichkeit anzunehmen bedeutet Kraft und Zärtlichkeit, bedeutet Kampf und Fruchtbarkeit inmitten eines funktionellen und privatistischen Modells, das unweigerlich zur »Wegwerf-Kultur« führt. Sich der Gebrechlichkeit der Menschen und der Völker anzunehmen bedeutet, das Gedächtnis und die Hoffnung zu bewahren; es bedeutet, die Gegenwart in ihrer nebensächlichsten und am meisten beängstigenden Situation auf sich zu nehmen und fähig zu sein, sie mit Würde zu salben.[8]

Wie kann man also der Zukunft wieder Hoffnung verleihen, so dass – angefangen bei den jungen Generationen – das Vertrauen wiedergewonnen wird, das große Ideal eines vereinten und friedvollen, kreativen und unternehmungsfreudigen Europas zu verfolgen, das die Rechte achtet und sich der eigenen Pflichten bewusst ist?

Um diese Frage zu beantworten, gestatten Sie mir, auf ein Bild zurückzugreifen. Eine der berühmtesten Fresken Raffaels im Vatikan stellt die sogenannte Schule von Athen dar. In ihrem Mittelpunkt stehen Platon und Aristoteles. Der erste deutet mit dem Finger nach oben, zur Welt der Ideen, zum Himmel, könnten wir sagen; der zweite streckt die Hand nach vorne, auf den Betrachter zu, zur Erde, der konkreten Wirklichkeit. Das scheint mir ein Bild zu sein, das Europa und seine Geschichte gut beschreibt, die aus der fortwährenden Begegnung zwischen Himmel und Erde besteht, wobei der Himmel die Öffnung zum Transzendenten, zu Gott beschreibt, die den europäischen Menschen immer gekennzeichnet hat, und die Erde seine praktische und konkrete Fähigkeit darstellt, die Situationen und Probleme anzugehen.

Die Zukunft Europas hängt von der Wiederentdeckung der lebendigen und untrennbaren Verknüpfung dieser beiden Elemente ab. Ein Europa, das nicht mehr fähig ist, sich der transzendenten Dimension des Lebens zu öffnen, ist ein Europa, das in Gefahr gerät, allmählich seine Seele zu verlieren und auch jenen »humanistischen Geist«, den es doch liebt und verteidigt.

Gerade ausgehend von der Notwendigkeit einer Öffnung zum Transzendenten möchte ich die Zentralität des Menschen bekräftigen, der andernfalls zum Spielball der Moden und der jeweiligen Mächte wird. In diesem Sinne halte ich nicht nur das Erbe, welches das Christentum in der Vergangenheit der soziokulturellen Gestaltung des Kontinentes überlassen hat, für grundlegend, sondern vor allem den Beitrag, den es heute und in der Zukunft zu dessen Wachstum zu leisten gedenkt. Dieser Beitrag stellt nicht eine Gefahr für die Laizität der Staaten und für die Unabhängigkeit der Einrichtungen der Union dar, sondern eine Bereicherung. Das zeigen uns die Ideale, die Europa von Anfang an geformt haben, wie der Friede, die Subsidiarität und die wechselseitige Solidarität – ein Humanismus, in dessen Zentrum die Achtung der Würde der Person steht.

Darum möchte ich erneut die Bereitschaft des Heiligen Stuhls und der katholischen Kirche betonen, durch die Kommission der Europäischen Bischofskonferenzen (COMECE) einen gewinnbringenden, offenen und transparenten Dialog mit den Institutionen der Europäischen Union zu pflegen. Ebenso bin ich überzeugt, dass ein Europa, das fähig ist, sich die eigenen religiösen Wurzeln zunutze zu machen, indem es ihren Reichtum und ihre inneren Möglichkeiten zu ergreifen versteht, auch leichter immun sein kann gegen die vielen Extremismen, die sich in der heutigen Welt verbreiten – auch aufgrund des großen ideellen Vakuums, das wir im sogenannten Westen erleben, denn »es ist gerade die Gottvergessenheit und nicht seine Verherrlichung, die Gewalt erzeugt«.[9]

Wir können hier die zahlreichen Ungerechtigkeiten und Verfolgungen nicht unerwähnt lassen, die täglich die religiösen und besonders die christlichen Minderheiten in verschiedenen Teilen der Welt treffen. Gemeinschaften und Einzelne, die sich barbarischer Gewalt ausgesetzt sehen: aus ihren Häusern und ihrer Heimat vertrieben; als Sklaven verkauft; getötet, enthauptet, gekreuzigt und lebendig verbrannt – unter dem beschämenden und begünstigenden Schweigen vieler.

Das Motto der Europäischen Union ist Einheit in der Verschiedenheit, doch Einheit bedeutet nicht politische, wirtschaftliche, kulturelle oder gedankliche Uniformität. In Wirklichkeit lebt jede authentische Einheit vom Reichtum der Verschiedenheiten, die sie bilden: wie eine Familie, die umso einiger ist, je mehr jedes ihrer Mitglieder ohne Furcht bis zum Grund es selbst sein kann. In diesem Sinn meine ich, dass Europa eine Familie von Völkern ist, welche die Institutionen der Union als nah empfinden können, falls diese es verstehen, das ersehnte Ideal der Einheit weise mit der je verschiedenen Eigenart eines jeden zu verbinden, indem sie die einzelnen Traditionen zur Geltung bringen, sich der Geschichte und der Wurzeln dieses Kontinents bewusst werden und sich von vielen Manipulationen und Ängsten befreien. Den Menschen ins Zentrum zu setzen bedeutet vor allem zuzulassen, dass er frei sein eigenes Gesicht und seine eigene Kreativität ausdrückt, sowohl auf der Ebene des Einzelnen als auch auf der des Volkes.

Andererseits bilden die Eigenarten eines jeden in dem Maß, wie sie in den Dienst aller gestellt werden, einen echten Reichtum. Man muss sich immer an die besondere Struktur der Europäischen Union erinnern, die auf den Prinzipien der Solidarität und der Subsidiarität gründet, so dass die gegenseitige Hilfe vorherrscht und man, beseelt von gegenseitigem Vertrauen, vorangehen kann.

In dieser Dynamik von Einheit und Eigenart ist Ihnen, meine Damen und Herren Europaabgeordnete, auch die Verantwortung übertragen, die Demokratie lebendig zu erhalten, die Demokratie der Völker Europas. Es ist kein Geheimnis, dass eine vereinheitlichende Auffassung der Globalität der Vitalität des demokratischen Systems schadet, indem es dem reichen fruchtbaren und konstruktiven Gegensatz der Organisationen und der politischen Parteien untereinander seine Kraft nimmt. So läuft man Gefahr, im Reich der Idee, des bloßem Wortes, des Bildes, des Sophismus zu leben … und schließlich die Wirklichkeit der Demokratie mit einem neuen politischen Nominalismus zu verwechseln. Die Demokratie in Europa lebendig zu erhalten erfordert, viele »Globalisierungsarten« zu vermeiden, die die Wirklichkeit verwässern: die engelhaften Purismen, die Totalitarismen des Relativen, die geschichtswidrigen Fundamentalismen, die Ethizismen ohne Güte, die Intellektualismen ohne Weisheit.[10]

Die Wirklichkeit der Demokratien lebendig zu erhalten ist eine Herausforderung dieses geschichtlichen Momentes: zu vermeiden, dass ihre reale

Kraft – die politische Ausdruckskraft der Völker – verdrängt wird angesichts des Drucks multinationaler nicht universaler Interessen, die sie schwächen und in vereinheitlichende Systeme finanzieller Macht im Dienst von unbekannten Imperien verwandeln. Das ist eine Herausforderung, die Ihnen die Geschichte heute stellt.

Europa Hoffnung geben bedeutet nicht nur die Zentralität des Menschen anzuerkennen, sondern schließt auch ein, seine Begabungen zu fördern. Es geht deshalb darum, in ihn und in die Bereiche zu investieren, in denen seine Talente sich entwickeln und Frucht bringen. Der erste Bereich ist gewiss der der Erziehung, angefangen von der Familie, welche die grundlegende Zelle und ein kostbarer Bestandteil jeder Gesellschaft ist. Die geeinte, fruchtbare und unauflösliche Familie bringt die fundamentalen Elemente mit sich, um Zukunftshoffnung zu geben. Ohne diese Festigkeit baut man letztlich auf Sand, mit schweren gesellschaftlichen Folgen. Andererseits dient die Betonung der Bedeutung der Familie nicht nur dazu, den neuen Generationen Aussichten und

Hoffnung zu vermitteln, sondern auch den zahlreichen alten Menschen, die oft gezwungen sind, in Situationen der Einsamkeit und der Verlassenheit zu leben, weil es nicht mehr die Wärme einer häuslichen Gemeinschaft gibt, die imstande ist, sie zu begleiten und zu unterstützen.

Neben der Familie gibt es das Erziehungswesen: Schulen und Universitäten. Die Erziehung darf sich nicht darauf beschränken, eine Ansammlung von technischen Kenntnissen zu vermitteln, sondern muss den äußerst komplexen Wachstumsprozess des Menschen in seiner Ganzheit fördern. Die Jugendlichen von heute verlangen, eine angemessene und vollständige Ausbildung erhalten zu können, um mit Hoffnung in die Zukunft zu schauen und nicht mit Enttäuschung. Zahlreich sind zudem die kreativen Möglichkeiten Europas auf verschiedenen Gebieten der wissenschaftlichen Forschung, von denen einige noch nicht ganz erkundet sind. Man denke beispielsweise nur an die alternativen Energiequellen, deren Entwicklung dem Umweltschutz von großem Nutzen wäre.

Europa hat in einem lobenswerten Einsatz zugunsten der Ökologie immer in der vordersten Reihe gestanden. Diese unsere Erde braucht tatsächlich eine ständige Pflege und Aufmerksamkeit, und jeder trägt eine persönliche Verantwortung in der Bewahrung der Schöpfung, dieses kostbaren Geschenkes, das Gott in die Hände der Menschen gelegt hat. Das bedeutet einerseits, dass die Natur uns zur Verfügung steht, wir uns an ihr freuen und sie in rechter Weise gebrauchen können. Andererseits bedeutet es jedoch, dass wir nicht ihre Herren sind. Hüter, aber nicht Herren. Wir müssen sie deshalb lieben und achten, stattdessen sind wir »oft vom Hochmut des Herrschens, des Besitzens, des Manipulierens, des Ausbeutens geleitet; wir ›hüten‹ sie nicht, wir achten sie nicht, wir betrachten sie nicht als unentgeltliches Geschenk, für das wir Sorge tragen müssen.«[11] Die Umwelt achten bedeutet aber nicht nur, sich darauf zu beschränken, sie nicht zu verderben, sondern auch, sie für das Gute zu nutzen. Ich denke vor allem an den landwirtschaftlichen Sektor, der berufen ist, dem Menschen Unterstützung und Nahrung zu liefern. Es ist nicht tolerierbar, dass Millionen von Menschen in der Welt den Hungertod sterben, während jeden Tag Tonnen von Lebensmitteln von unseren Tischen weggeworfen werden. Außerdem erinnert uns die Achtung gegenüber der Natur daran, dass der Mensch selbst ein grundlegender Teil von ihr ist. Neben der Ökologie der Umwelt bedarf es daher jener Ökologie des Menschen, die in der Achtung der Person besteht, die ich heute in meinen Worten an Sie ins Gedächtnis rufen wollte.

Der zweite Bereich, in dem die Talente des Menschen zur Blüte kommen, ist die Arbeit. Es ist Zeit, die Beschäftigungspolitik zu fördern, vor allem aber ist es notwendig, der Arbeit wieder Würde zu verleihen, indem man auch angemessene Bedingungen für ihre Ausübung gewährleistet. Das schließt einerseits ein, neue Methoden zu finden, um die Flexibilität des Marktes mit der Notwendigkeit von Stabilität und Sicherheit der Arbeitsperspektiven zu verbinden, die für die menschliche Entwicklung der Arbeiter unerlässlich sind. Andererseits bedeutet es, einen angemessenen sozialen Kontext zu begünstigen, der nicht auf die Ausbeutung der Menschen ausgerichtet ist, sondern darauf, durch die Arbeit die Möglichkeit zu garantieren, eine Familie aufzubauen und die Kinder zu erziehen.

Gleichermaßen ist es notwendig, gemeinsam das Migrationsproblem anzugehen. Man kann nicht hinnehmen, dass das Mittelmeer zu einem großen Friedhof wird! Auf den Kähnen, die täglich an den europäischen Küsten landen, sind Männer und Frauen, die Aufnahme und Hilfe brauchen. Das Fehlen gegenseitiger Unterstützung innerhalb der Europäischen Union läuft Gefahr, partikularistische Lösungen des Problems anzuregen, welche die Menschenwürde der Einwanderer nicht berücksichtigen und Sklavenarbeit sowie ständige soziale Spannungen begünstigen. Europa wird imstande sein, die mit der Einwanderung verbundenen Problemkreise zu bewältigen, wenn es versteht, in aller Klarheit die eigene kulturelle Identität vorzulegen und geeignete Gesetze in die Tat umzusetzen, die fähig sind, die Rechte der europäischen Bürger zu schützen und zugleich die Aufnahme der Migranten zu garantieren; wenn es korrekte, mutige und konkrete politische Maßnahmen zu ergreifen versteht, die den Herkunftsländern der Migranten bei der sozio-politischen Entwicklung und bei der Überwindung der internen Konflikte – dem Hauptgrund dieses Phänomens – helfen, anstatt Politik der Eigeninteressen zu betreiben, die diese Konflikte steigert und nährt. Es ist notwendig, auf die Ursachen einzuwirken und nicht nur auf die Folgen.

Herr Präsident, Exzellenzen, meine Damen und Herren Abgeordnete,
das Bewusstsein der eigenen Identität ist auch notwendig, um konstruktiv mit den Staaten zu verhandeln, die gebeten haben, in Zukunft der Union beizutreten. Ich denke vor allem an jene aus dem balkanischen Raum, für die der Eintritt in die Europäische Union dem Friedensideal entsprechen kann, in einer Region, die unter den Konflikten der Vergangenheit so sehr gelitten hat. Und schließlich ist das Bewusstsein der eigenen Identität unerlässlich in den Beziehungen zu den anderen Nachbarländern, besonders zu denen, die ans Mittelmeer grenzen, von denen viele aufgrund innerer Konflikte und unter dem

Druck des religiösen Fundamentalismus und des internationalen Terrorismus leiden.

Ihnen, verehrte Mitglieder des Parlaments, kommt als gesetzgebende Instanz die Aufgabe zu, die europäische Identität zu bewahren und wachsen zu lassen, damit die Bürger wieder Vertrauen in die Institutionen der Union und in den Plan des Friedens und der Freundschaft gewinnen, der das Fundament der Union ist. »Je mehr [...] die Macht der Menschen wächst, desto mehr weitet sich ihre Verantwortung, sowohl die der Einzelnen wie die der Gemeinschaften.«[12] In diesem Wissen appelliere ich daher an Sie, daran zu arbeiten, dass Europa seine gute Seele wiederentdeckt.

Ein anonymer Autor des 2. Jahrhunderts schrieb, dass »die Christen in der Welt das sind, was die Seele im Leib ist«.[13] Die Aufgabe der Seele ist es, den Leib aufrecht zu erhalten, sein Gewissen und sein geschichtliches Gedächtnis zu sein. Und eine zweitausendjährige Geschichte verbindet Europa mit dem Christentum. Eine Geschichte, die nicht frei von Konflikten und Fehlern – auch von Sünden –, immer aber beseelt war von dem

Wunsch, am Guten zu bauen. Das sehen wir an der Schönheit unserer Städte und mehr noch an der Schönheit der vielfältigen Werke der Liebe und des gemeinschaftlichen menschlichen Aufbaus, die den Kontinent überziehen. Diese Geschichte ist zum großen Teil erst noch zu schreiben. Sie ist unsere Gegenwart und auch unsere Zukunft. Sie ist unsere Identität. Und Europa hat es dringend nötig, sein Gesicht wiederzuentdecken, um – nach dem Geist seiner Gründungsväter – im Frieden und in der Eintracht zu wachsen, denn es selbst ist noch nicht frei von Konflikten.

Liebe Europaabgeordnete, die Stunde ist gekommen, gemeinsam das Europa aufzubauen, das sich nicht um die Wirtschaft dreht, sondern um die Heiligkeit der menschlichen Person, der unveräußerlichen Werte; das Europa, das mutig seine Vergangenheit umfasst und vertrauensvoll in die Zukunft blickt, um in Fülle und voll Hoffnung seine Gegenwart zu leben. Es ist der Moment gekommen, den Gedanken eines verängstigten und in sich selbst verkrümmten Europas fallen zu lassen, um ein Europa zu erwecken und zu fördern, das ein Protagonist ist und Träger von Wissenschaft, Kunst, Musik, menschlichen Werten und auch Träger des Glaubens ist. Das Europa, das den Himmel betrachtet und Ideale verfolgt; das Europa, das auf den Menschen schaut, ihn verteidigt und schützt; das Europa, das auf sicherem, festem Boden voranschreitet, ein kostbarer Bezugspunkt für die gesamte Menschheit!

Danke.

# Anmerkungen

1 Johannes Paul II., Ansprache an das Europaparlament, 11. Oktober 1988, 5.

2 Johannes Paul II., Ansprache an die Parlamentarische Versammlung des Europarates, Straßburg, 8. Oktober 1988, 3.

3 Benedikt XVI., Enzyklika Caritas in veritate, 7; vgl. Zweites Vatikanisches Konzil, Past. Konst. Gaudium et spes, 26.

4 Vgl. Kompendium der Soziallehre der Kirche, 37.

5 Vgl. Evangeliigaudium, 55.

6 Benedikt XVI., Caritas in veritate, 71.

7 Ebd.

8 Vgl. Evangeliigaudium, 209.

9 Benedikt XVI., Ansprache an die Mitglieder des Diplomatischen Korps, 7. Januar 2013.

10 Vgl. Evangeliigaudium, 231.

11 Papst Franziskus, Generalaudienz, 5. Juni 2013.

12 Zweites Vatikanisches Konzil, Past. Konst. Gaudium et spes, 34.

13 Vgl. Brief an Diognet, 6.

*Papst Franziskus*

# Die Rede vor dem Europarat

Herr Generalsekretär, Frau Präsidentin, Exzellenzen, meine Damen und Herren,

ich freue mich, vor diesem Plenum das Wort ergreifen zu können, in dem eine bedeutende Gruppe der Parlamentarischen Versammlung des Europarats, die Vertreter der Mitgliedsländer, die Richter des Europäischen Gerichtshofs für Menschenrechte wie auch die verschiedenen Einrichtungen, die den Europarat bilden, zusammengekommen sind. Tatsächlich ist fast ganz Europa in dieser Aula zugegen, mit seinen Völkern, seinen Sprachen, seinen kulturellen und religiösen Ausdrucksformen, die den Reichtum dieses Kontinentes ausmachen. Besonders dankbar bin ich dem Herrn Generalsekretär des Europarats, Herrn Thorbjørn Jagland, für die freundliche Einladung und für die liebenswürdigen Worte, mit denen er mich willkommen geheißen hat.

Ich begrüße die Präsidentin der Parlamentarischen Versammlung, Frau Anne Brasseur, sowie die Vertreter der verschiedenen Institutionen, die gemeinsam den Europarat bilden. Allen danke ich von Herzen für Ihren großherzigen Einsatz und den Beitrag, den Sie zum Frieden leisten durch die Förderung der Demokratie, der Menschenrechte und des Rechtsstaates.

In der Absicht seiner Gründungsväter entsprach der Europarat, der in diesem Jahr sein 65. Bestehen feiert, einem geistigen Streben nach Einheit, welches das Leben des Kontinents von alters her immer wieder beseelt hat. Dennoch haben im Laufe der Jahrhunderte wiederholt partikularistische Impulse überwogen, die durch eine Folge verschiedener Vormachtsbestrebungen gekennzeichnet waren. Man denke nur daran, dass zehn Jahre vor jenem 5. Mai 1949, an dem in London das Gründungsabkommen des Europarates unterzeichnet wurde, der blutigste und erschütterndste Konflikt begann, den diese Länder je gesehen haben und dessen Teilungen über lange Jahre fortdauerten, als der sogenannte Eiserne Vorhang den Kontinent von der Ostsee bis zum Golf von Triest in zwei Teile trennte. Der Plan der Gründungsväter sah vor, Europa wiederherzustellen in einem Geist gegenseitigen Dienstes, was noch heute, in einer Welt, die mehr zum Fordern als zum Dienen neigt, der Schlussstein der Mission des Europarates sein muss, um den Frieden, die Freiheit und die Menschenwürde zu fördern.

Andererseits besteht der bevorzugte Weg zum Frieden – und zur Vermeidung einer Wiederholung dessen, was in den beiden Weltkriegen des vergangenen Jahrhunderts geschehen ist – darin, im anderen nicht einen Feind zu sehen, der bekämpft werden muss, sondern einen Bruder, der anzunehmen ist. Es handelt sich um einen ständigen Prozess, der niemals als gänzlich vollendet betrachtet werden kann. Genau das haben die Gründungsväter erfasst; sie verstanden, dass der Friede ein Gut ist, das fortwährend errungen werden muss und das größte Wachsamkeit erfordert. Sie waren sich bewusst, dass die Kriege aus der Absicht entstehen, Räume in Besitz zu nehmen, die weiterlaufenden Prozesse einzufrieren und zu versuchen, sie aufzuhalten; dagegen suchten sie den Frieden, der nur verwirklicht werden kann in der ständigen Haltung, Prozesse in Gang zu setzen und sie voranzubringen.

Auf diese Weise bekräftigten sie den Willen zu einem Weg der Reifung in der Zeit, denn die Zeit ist es, die über die Räume herrscht, sie hell macht und in eine Kette fortlaufenden Wachstums verwandelt, ohne Rückschritte. Darum ist es für den Aufbau des Friedens erforderlich, die Handlungen zu fördern, die eine neue Dynamik in der Gesellschaft erzeugen und weitere Menschen sowie Gruppen einbeziehen, die diese entwickeln, bis sie in wichtigen historischen Ereignissen Frucht bringen.[1]

Aus diesem Grund riefen die Gründungsväter diese ständige Einrichtung ins Leben. Einige Jahre später erinnerte der selige Papst Paul VI. daran, dass »die Institutionen selbst, die in der Rechtsordnung und im internationalen Zusammenleben die Aufgabe und das Verdienst haben, den Frieden zu verkünden und zu erhalten, [...] ihr providentielles Ziel [nur erreichen], wenn sie sich unablässig darum bemühen, wenn sie es verstehen, in jedem Augenblick den Frieden zu wecken, den Frieden herbeizuführen«.[2] Es bedarf eines ständigen Weges der Humanisierung: »Es genügt nicht, die Kriege einzudämmen, die Kämpfe einzustellen [...] es genügt kein aufgezwungener Friede, kein zweckbedingter und provisorischer Friede. Wir müssen nach einem Frieden trachten, der geliebt wird, frei und brüderlich ist, das heißt, in der Versöhnung der Menschen gründet.«[3] Das bedeutet, die Prozesse ohne Ängstlichkeit voranzubringen, aber gewiss mit klaren Überzeugungen und mit Entschlossenheit.

Um das Gut des Friedens zu gewinnen, muss man vor allem zum Frieden erziehen, indem man eine Kultur des Konfliktes fernhält, die auf die Angst vor dem anderen, auf die Ausgrenzung dessen, der anders denkt oder lebt, ausgerichtet ist. Freilich darf der Konflikt nicht ignoriert oder beschönigt werden; man muss sich ihm stellen. Wenn wir uns aber in ihn verstricken, verlieren wir die Perspektive, die Horizonte verengen sich, und die Wirklichkeit selbst zerbröckelt. Wenn wir in der Konfliktsituation verharren, verlieren wir den

Sinn für die tiefe Einheit der Wirklichkeit,[4] halten die Geschichte an und verfallen der inneren Zermürbung durch fruchtlose Widersprüche.

Leider wird der Friede noch allzu oft verletzt. Er ist es in vielen Teilen der Welt, wo Konflikte verschiedener Art wüten. Er ist es auch hier in Europa, wo Spannungen nicht aufhören. Wie viel Schmerz und wie viele Tote gibt es noch in diesem Kontinent, der den Frieden herbeisehnt und doch leicht den Versuchungen von einst verfällt! Darum ist das Werk des Europarates auf der Suche nach einer politischen Lösung der gegenwärtigen Krisen wichtig und ermutigend.

Dem Frieden jedoch wird auch durch andere Formen des Konflikts wie den religiösen und internationalen Terrorismus zugesetzt, der eine tiefe Verachtung für das menschliche Leben hegt und unterschiedslos unschuldige Opfer fordert. Dieses Phänomen wird leider durch einen sehr oft ungestörten Waffenhandel gefördert. Die Kirche betrachtet den Waffenhandel als »eine der schrecklichsten Wunden der Menschheit, er schädigt unerträglich die Armen«.[5] Der Friede wird auch verletzt durch den Menschenhandel, die neue Sklaverei unserer Zeit, welche die Menschen in Handelsware verwandelt und sie jeder Würde beraubt. Nicht selten stellen wir dann fest, dass diese Phänomene miteinander verbunden sind. Der Europarat spielt durch seine Komitees und die Expertengruppen eine wichtige und bedeutsame Rolle bei der Bekämpfung solcher Formen von Unmenschlichkeit.

Doch der Friede ist nicht das bloße Nichtvorhandensein von Kriegen, von Konflikten, von Spannungen. Aus christlicher Sicht ist er zugleich Geschenk Gottes und Frucht des freien und vernünftigen Handelns des Menschen, der in Wahrheit und Liebe das Gemeinwohl im Auge hat. »Diese geistige und sittliche Ordnung stützt sich gerade auf die Gewissensentscheidung der Menschen für eine Harmonie in ihren wechselseitigen Beziehungen, und dies unter Beachtung der Gerechtigkeit für alle.«[6]

Wie kann man also das hochgesteckte Ziel des Friedens verfolgen?

Der vom Europarat gewählte Weg ist vor allem der der Förderung der Menschenrechte, mit der die Entwicklung der Demokratie und des Rechtsstaates verbunden ist. Es ist eine besonders wertvolle Arbeit mit bemerkenswerten ethischen und gesellschaftlichen Auswirkungen, denn von einem rechten Verständnis dieser Begriffe und ihrer fortwährenden gedanklichen Vertiefung hängt die Entwicklung unserer Gesellschaften, ihr friedliches Zusammenleben und ihre Zukunft ab. Dieses Studium ist einer der großen Beiträge, die Europa der ganzen Welt geliefert hat und noch liefert.

An diesem Ort sehe ich mich daher in der Pflicht, an die Bedeutung des europäischen Beitrags und der europäischen Verantwortung für die kulturelle Entwicklung der Menschheit zu erinnern. Ich möchte dies tun, indem ich von einem Bild ausgehe, das ich einem italienischen Dichter des 20. Jahrhunderts, Clemente Rebora, entnehme. Er beschreibt in einem seiner Gedichte eine Pappel mit ihren gen Himmel ausgestreckten und vom Wind bewegten Zweigen, ihrem starken und festen Stamm und den tiefen Wurzeln, die sich in die Erde hinabsenken.[7] In einem gewissen

Sinn können wir im Licht dieses Bildes an Europa denken.

Im Laufe seiner Geschichte hat es sich immer nach oben hin ausgestreckt, neuen und ehrgeizigen Zielen entgegen, bewegt von einem unersättlichen Sehnen nach Erkenntnis, Entwicklung, Fortschritt, Frieden und Einheit. Doch das Sicherheben des Denkens, der Kultur, der wissenschaftlichen Entdeckungen ist nur möglich aufgrund der Festigkeit des Stammes und der Tiefe der Wurzeln, die ihn nähren. Wenn die Wurzeln eingehen, höhlt sich der Stamm allmählich aus und stirbt, und die Zweige – einst üppig und aufrecht – neigen sich zur Erde und fallen herunter. Hier liegt vielleicht eines der Paradoxe, die einer isolierten wissenschaftlichen Mentalität am wenigsten verständlich sind: Um der Zukunft entgegenzugehen, bedarf es der Vergangenheit, braucht es tiefe Wurzeln und bedarf es auch des Mutes, sich nicht vor der Gegenwart und ihren Herausforderungen zu verstecken. Es braucht Gedächtnis, Mut und eine gesunde menschliche Zukunftsvision.

Andererseits, bemerkt Rebora, senkt sich der Stamm hinab, wo er der Wahrheit näher kommt.[8] Die Wurzeln nähren sich von der Wahrheit, welche die Nahrung, der Lebenssaft jeder Gesellschaft ist, die wirklich frei, menschlich und solidarisch sein will. Die Wahrheit aber appelliert an das Gewissen, das sich keiner Beeinflussung beugt und darum fähig ist, die eigene Würde zu erkennen und sich dem Absoluten zu öffnen. So wird es zur Quelle von Grundentscheidungen, die von der Suche nach dem Guten für die anderen und für sich selbst geleitet sind, und zum Ort einer verantwortlichen Freiheit.[9]

Man muss sich zudem vor Augen halten, dass ohne diese Suche nach der Wahrheit jeder zum Maß seiner selbst und seines Handelns wird und so den Weg zur subjektivistischen Behauptung der Rechte bahnt. Auf diese Weise wird der Begriff der Menschenrechte, der von sich aus Allgemeingültigkeit besitzt, durch die Idee des individualistischen Rechts ersetzt. Das führt dazu, sich im Grunde für die anderen nicht zu interessieren und jene Globalisierung der Gleichgültigkeit zu fördern, die aus dem Egoismus entspringt und Frucht eines Menschenbildes ist, das unfähig ist, die Wahrheit aufzunehmen und eine authentische soziale Dimension zu leben.

Ein solcher Individualismus macht menschlich arm und kulturell unfruchtbar, weil er tatsächlich jene ertragfähigen Wurzeln abschneidet, in denen der Baum gründet. Aus dem gleichgültigen Individualismus geht der Kult der Opulenz hervor, welcher der Wegwerf-Kultur entspricht, in die wir eingetaucht sind. Wir besitzen wirklich zu viele Dinge, die oft nutzlos sind, aber wir sind nicht mehr fähig, authentische menschliche Beziehungen aufzubauen, die von der Wahrheit und von gegenseitiger Achtung geprägt sind. Und so haben wir heute das Bild eines verletzten Europas vor Augen, aufgrund der vielen Prüfungen der Vergangenheit, aber auch aufgrund der gegenwärtigen Krisen, die es anscheinend nicht mehr mit der früheren Lebenskraft und Energie zu bewältigen vermag. Ein etwas müdes, pessimistisches Europa, das sich durch die Neuheiten, die von anderen Kontinenten kommen, belagert fühlt.

Wir können Europa fragen: Wo ist deine Kraft? Wo ist jenes geistige Streben, das deine Geschichte belebt hat und durch das sie Bedeutung erlangte? Wo ist dein Geist wissbegieriger Unternehmungslust? Wo ist dein Durst nach Wahrheit, den du der Welt bisher mit Leidenschaft vermittelt hast?

Von der Antwort auf diese Fragen wird die Zukunft des Kontinentes abhängen. Andererseits – um zum Bild Reboras zurückzukehren – kann ein Baumstamm ohne Wurzeln weiter den Anschein von Leben erwecken, aber in seinem Innern wird er hohl und stirbt ab. Europa muss darüber nachdenken, ob sein gewaltiges Erbe auf menschlichem, künstlerischem, technischem, sozialem, politischem, wirtschaftlichem und religiösem Gebiet ein bloßes museales Vermächtnis der Vergangenheit ist, oder ob es noch imstande ist, die Kultur zu inspirieren und seine Schätze der gesamten Menschheit zu erschließen. Bei der Beantwortung dieser Frage spielt der Europarat mit seinen Institutionen eine primäre Rolle.

Ich denke besonders an die Funktion des Europäischen Gerichtshofs für Menschenrechte, der in gewisser Weise das »Gewissen« Europas bei der Achtung der Menschenrechte darstellt. Es ist mein Wunsch, dass dieses Gewissen immer mehr reift, nicht für einen bloßen Konsens zwischen den Parteien, sondern als Frucht des Strebens nach jenen tiefen Wurzeln, die die Grundlagen bilden, welche die Gründungsväter des heutigen Europas wählten, um auf sie zu bauen.

Zugleich mit den Wurzeln – die man suchen, finden und durch die tägliche Übung des Gedächtnisses lebendig erhalten muss, denn sie bilden das genetische Erbe Europas – sind da die aktuellen Herausforderungen des Kontinentes, die uns zu ständiger Kreativität verpflichten, damit diese Wurzeln im Heute fruchtbar sind und sich ausstrecken zu Utopien der Zukunft. Ich erlaube mir, nur zwei davon zu erwähnen: die Herausforderung der Multipolarität und die Herausforderung der Transversalität.

Die Geschichte Europas kann uns nahelegen, sie naiver Weise als eine Bipolarität zu begreifen, oder höchstens als eine Tripolarität (denken wir an die historische Konzeption: Rom – Byzanz – Moskau), und uns bei der Interpretation der Gegenwart und der Projektion auf die Utopie der Zukunft hin innerhalb dieses Schemas bewegen, das ein Ergebnis geopolitisch-hegemonischer Reduktionismen ist.

Heute liegen die Dinge anders, und wir können zu Recht von einem multipolaren Europa sprechen. Die Spannungen – die aufbauenden wie die zersetzenden – treten zwischen vielfältigen kulturellen, religiösen und politischen Polen auf. Europa steht heute vor der Herausforderung, diese Multipolarität zu »globalisieren«, dies aber auf ursprünglich-schöpferische Weise. Die Kulturen sind nicht unbedingt deckungsgleich mit den Ländern: Einige Länder beherbergen verschiedene Kulturen, und einige Kulturen drücken sich in mehreren Ländern aus. Das gleiche gilt für politische, religiöse und gemeinschaftliche Ausdrucksformen.

Die Multipolarität auf ursprüngliche Weise zu globalisieren – ich betone: auf ursprüngliche Weise – schließt die Bemühung um eine konstruktive Harmonie ein, die frei ist von Vormachtstellungen, die unter pragmatischem Gesichtspunkt den Weg zwar zu vereinfachen scheinen, aber letztlich die kulturelle und religiöse Ursprünglichkeit der Völker zerstören.

Von der europäischen Multipolarität zu sprechen bedeutet, von Völkern zu sprechen, die entstehen, wachsen und sich auf die Zukunft hin orientieren. Die Aufgabe, die Multipolarität Europas zu globalisieren, können wir uns nicht mit dem Bild der Kugel vorstellen – in der alles gleich und geordnet ist, die sich aber als einschränkend erweist, denn alle Punkte sind gleich weit vom Zentrum entfernt –, sondern vielmehr mit dem des Polyeders, wo die harmonische Einheit des Ganzen die Besonderheit jedes einzelnen Teils bewahrt. Europa ist heute multipolar in seinen Beziehungen und seinen Bestrebungen; Europa ist weder denkbar noch konstruierbar, ohne diese multipolare Wirklichkeit von Grund auf anzunehmen.

Die andere Herausforderung, die ich erwähnen möchte, ist die Transversalität. Ich gehe von einer persönlichen Erfahrung aus: In den Begegnungen mit Politikern verschiedener Länder Europas habe ich feststellen können, dass die jungen Politiker die Wirklichkeit aus einer anderen Perspektive angehen als ihre reiferen Kollegen. Vielleicht sagen sie dem Anschein nach Ähnliches, doch der Ansatz ist anders. Die Worte sind ähnlich, doch die Musik ist anders. Das geschieht bei den jungen Politikern unterschiedlicher Parteien. Diese Erfahrungstatsache weist auf eine Realität des heutigen Europas hin, die man auf dem Weg der kontinentalen Konsolidierung und seiner Öffnung auf die Zukunft hin nicht übersehen darf: Diese Transversalität, die in allen Bereichen festzustellen ist, muss berücksichtigt werden. Das geht nicht ohne den Dialog auch zwischen den Generationen. Wenn wir heute den Kontinent beschreiben wollten, müssten wir von einem dialogisierenden Europa sprechen, das dafür sorgt, dass die Transversalität der Meinungen und Reflexionen den harmonisch vereinten Völkern dienlich ist.

Diesen Weg der transversalen Kommunikation einzuschlagen, verlangt nicht nur ein Einfühlungsvermögen zwischen den Generationen, sondern eine geschichtsbewusste Wachstumsmethodologie. In der aktuellen politischen Welt Europas erweist sich der Dialog, der nur innerhalb der je eigenen (politischen, religiösen, kulturellen) Organismen stattfindet, als unfruchtbar. Die Geschichte verlangt heute die Fähigkeit, aus den Strukturen, welche die eigene Identität »einschließen«, zur Begegnung hinauszugehen, mit dem Ziel, ebendiese Identität in der brüderlichen Gegenüberstellung der Transversalität zu stärken und fruchtbarer zu machen. Ein Europa, das nur innerhalb der geschlossenen Zugehörigkeitsgruppen dialogisiert, bleibt auf halbem Wege stehen; es bedarf des jugendlichen Geistes, der die Herausforderung der Transversalität annimmt.

Aus dieser Sicht begrüße ich den Willen des Europarates, sich im interkulturellen Dialog einschließlich seiner religiösen Dimension zu engagieren durch die Begegnungen über die religiöse Dimension des interkulturellen Dialogs. Es handelt sich um eine günstige Gelegenheit für einen offenen, respektvollen und bereichernden Austausch zwischen Menschen und Gruppen verschiedener Herkunft und unterschiedlicher ethnischer, sprachlicher und religiöser Tradition in einem Geist gegenseitigen Verständnisses und gegenseitiger Achtung.

Solche Begegnungen scheinen bei der Suche nach einem eigenen Gesicht im aktuellen multikulturellen, multipolaren Umfeld besonders wichtig, um die europäische Identität, die sich in den Jahrhunderten herausgebildet hat, weise mit den Ansprüchen der anderen Völker zu verbinden, die sich nun auf dem Kontinent zeigen.

In dieser Perspektive ist der Beitrag zu verstehen, den das Christentum heute zur kulturellen und gesellschaftlichen europäischen Entwicklung im Rahmen einer rechten Beziehung zwischen Religion und Gesellschaft leisten kann. Aus christlicher Sicht sind Vernunft und Glaube, Religion und Gesellschaft berufen, einander zu erhellen, indem sie sich gegenseitig unterstützen und, falls nötig, sich wechselseitig von den ideologischen Extremismen läutern, in die sie fallen können.

Die gesamte europäische Gesellschaft kann aus einer neu belebten Verbindung zwischen den beiden Bereichen nur Nutzen ziehen, sei es, um einem religiösen Fundamentalismus entgegenzuwirken, der vor allem ein Feind Gottes ist, sei es, um einer »beschränkten« Vernunft abzuhelfen, die dem Menschen nicht zur Ehre gereicht.

Sehr zahlreich und aktuell sind die Themen, in denen es meiner Überzeugung nach eine gegenseitige Bereicherung geben kann und in denen die katholische Kirche – besonders durch den Rat der Europäischen Bischofskonferenzen (CCEE) – mit dem Europarat zusammenarbeiten und einen grundlegenden Beitrag leisten kann. Im Licht des eben Gesagten ist da zunächst der Bereich einer ethischen Reflexion über die Menschenrechte, über die nachzudenken Ihre Organisation oft gefordert ist. Ich denke besonders an die Themen, die mit dem Schutz des menschlichen Lebens zusammenhängen – heikle Fragen, die einer aufmerksamen Prüfung unterzogen werden müssen, die die Wahrheit des ganzen Menschen berücksichtigt, ohne sich auf spezifische medizinische, wissenschaftliche oder juristische Bereiche zu beschränken.

Ebenso zahlreich sind die Herausforderungen der modernen Welt, die untersucht werden müssen und eines gemeinsamen Einsatzes bedürfen, angefangen von der Aufnahme der Migranten; sie brauchen zunächst das Lebensnotwendige, hauptsächlich aber haben sie es nötig, dass ihre Menschwürde anerkannt wird. Dann ist da das ganze schwere Problem der Arbeit, vor allem wegen des hohen Niveaus der Jugendarbeitslosigkeit, das es in vielen Ländern gibt – eine echte Hypothek für die Zukunft –, aber auch wegen der Frage nach der Würde der Arbeit.

Ich habe den nachdrücklichen Wunsch, dass eine neue soziale und wirtschaftliche Zusammenarbeit entsteht, die frei ist von ideologischen Bedingtheiten und der globalisierten Welt zu begegnen weiß, indem sie den Sinn für Solidarität und gegenseitige Liebe lebendig erhält, der dank des großherzigen Wirkens von Hunderten von Männern und Frauen das Gesicht Europas so sehr geprägt hat. Diese Menschen – einige von ihnen betrachtet die katholische Kirche als Heilige – haben sich im Laufe der Jahrhunderte bemüht, den Kontinent zu entwickeln, sowohl durch unternehmerische Aktivität als auch im Erziehungswesen, in Hilfswerken und im Einsatz für Förderung des Menschen. Vor allem letztere stellen einen wichtigen Bezugspunkt für die zahlreichen Armen dar, die in Europa leben. Wie viele davon gibt es auf unseren Straßen! Sie bitten nicht nur um das Brot zum Leben, das elementarste der Rechte, sondern auch darum, den Wert des eigenen Lebens wiederzuentdecken, den die Armut leicht in Vergessenheit geraten lässt, und die Würde wiederzuerlangen, welche die Arbeit verleiht.

Schließlich ist unter den Themen, die unser Nachdenken und unsere Zusammenarbeit erfordern, der Umweltschutz, die Verteidigung dieser unserer geliebten Erde, die unser großer Reichtum ist, den Gott uns gegeben hat und der uns zur Verfügung steht, nicht damit er verdorben, ausgebeutet und erniedrigt wird, sondern damit wir in Freude über seine grenzenlose Schönheit mit Würde leben können.

Herr Generalsekretär, Frau Präsidentin, Exzellenzen, meine Damen und Herren,

der selige Papst Paul VI. hat die Kirche definiert als »Expertin in allem, was den Menschen betrifft«.[10] In der Nachfolge Christi sucht sie in der Welt – trotz der Sünden ihrer Kinder – nichts anderes, als zu dienen und Zeugnis für die Wahrheit abzulegen.[11] Nichts außer diesem Geist leitet uns in der Unterstützung des Weges der Menschheit.

Mit dieser Grundeinstellung möchte der Heilige Stuhl seine Zusammenarbeit mit dem Europarat fortsetzen, der heute eine grundlegende Rolle bei der Formung des Denkens zukünftiger Generationen von Europäern spielt. Es geht darum, gemeinsam eine umfassende Überlegung anzustellen, damit eine Art »neuer Agora« entsteht, in der jede zivile und religiöse Instanz – obschon in der Trennung der Bereiche und in der Verschiedenheit der Positionen – sich frei den anderen gegenüberstellen kann, ausschließlich bewegt von der Sehnsucht nach Wahrheit und dem Wunsch, das Gemeinwohl aufzubauen. Die Kultur geht nämlich stets aus der wechselseitigen Begegnung hervor, die darauf ausgerichtet ist, den geistigen Reichtum und die Kreativität ihrer Teilnehmer anzuregen; und dies ist nicht nur die Verwirklichung des Guten, dies ist Schönheit. Mein Wunsch ist, dass Europa mit der Wiederentdeckung seines historischen Erbes und der Tiefe seiner Wurzeln sowie mit der Annahme seiner lebendigen Multipolarität und des Phänomens der dialogisierenden Transversalität jene geistige Jugend wiederfindet, die es fruchtbar und bedeutend gemacht hat.

Danke!

# Anmerkungen

1 Vgl. Evangeliigaudium, 223.

2 Botschaft zum 8. Weltfriedenstag, 8. Dezember 1974.

3 Ebd.

4 Vgl. Evangeliigaudium, 226.

5 Katechismus der Katholischen Kirche, Nr. 2329; Zweites Vatikanisches Konzil, Gaudium et spes 81.

6 Johannes Paul II., Botschaft zum 15. Weltfriedenstag, 8. Dezember 1981, 4.

7 Il pioppo, in: Canti dell'Infermità, ed. Vanni Scheiwiller, Mailand 1957, 32: »Vibra nel vento con tutte le sue foglie / il pioppo severo; / spasima l'aria in tutte le sue doglie / nell'ansia del pensiero: / dal tronco in rami per fronde si esprime / tutte al ciel tese con raccolte cime: / fermo rimane il tronco del mistero, / e il tronco s'inabissa ov'è più vero«.

8 Vgl. ebd.

9 Johannes Paul II., Ansprache an die Parlamentarische Versammlung des Europarates, Straßburg, 8. Oktober 1988, 4.

10 Enzyklika Populorumprogressio, 13.

11 Ebd.

# *Nachwort des Herausgebers*

## »Wo ist deine Kraft?«

Nimmt man die zwei Straßburger Reden von Papst Franziskus und liest sie so, als ob man den Absender nicht kennen würde, dann sind sie noch weitaus überraschender, ja unerhörter, als sie ohnehin schon sind. Inzwischen hat sich schon eine gewisse Gewöhnung an das Ungewohnte in der Rezeption des neuen katholischen Kirchenoberhaupts vom anderen Ende der Welt eingestellt. Doch wäre ein anderer Ehrengast oder auch ein Politiker denkbar, der sich ins Europaparlament stellen würde und eben jenen Kontinent, zu dessen Repräsentanten er spräche, als »Großmutter« bezeichnen würde? Wer würde es wagen, Europa »nicht mehr fruchtbar und lebendig« und »in sich verkrümmt« zu nennen?

Franziskus' kraftvolle und bildreiche Sprache ist in der Lage, die eingeübten diplomatischen Wendungen und Formeln zu durchbrechen – und dies nicht nur in kirchlichen Sphären, sondern offenbar auch auf dem politischen Parkett. Die beiden Straßburger Reden des Papstes sind deutliche wie heilsame Weckrufe an ein »müdes« und »verängstigtes« Europa, wie er es nennt, Weckrufe, welche in dieser Weise »von innen« nicht mehr kommen können, sondern den Blick von außen brauchen. Nicht nur den Außen-Blick eines Kirchenführers und Nicht-Politikers, sondern insbesondere den Blick eines Nicht-Europäers.

Franziskus' Straßburger Reden haben direkten Bezug zu den aktuellen großen Schwierigkeiten Europas. Angewandt auf die Finanzkrise etwa heißt das, Europa darf nicht mit einer rein ökonomistischen Logik von seinem Ringen um Einheit in der Verschiedenheit abgebracht werden. Franziskus prangert »Globalisierungsarten« an, die in der Lage seien, sich gegen den Menschen zu wenden. Aber auch in der aktuellen Kontroverse mit Russland darf, so ist Franziskus' Europarat-Rede zu lesen, nicht in der Abgrenzung und in einem »zweckbedingten Frieden« schon eine politische Lösung gesehen werden. Der Papst mahnt überdeutlich den umfassenden Friedensauftrag Europas an, der nicht bipolar, sondern nur multipolar zu erfüllen sei. Demokratie, Rechtsstaatlichkeit und Menschrechte seien dabei die Ziele, die aber unter Respekt der Unterschiedlichkeit der Kulturen und Nationen verwirklicht werden müssten.

Franziskus' Blick auf Europa ist zunächst in verblüffender Weise von deutlicher Kritik und gleichzeitig schwärmerischer Zuneigung geprägt. Es ist eben die Sicht auf den großen Vorbild-Kontinent, den Sehnsuchts-Ort der Welt, der in seiner gegenwärtigen Lage den Rest der Welt enttäuscht. Diese Verbindung aus Kritik und Leidenschaft fehlt in den Europa-Debatten der Europäer immer wieder. Die europäischen Europa-Kritiker stehen den europäischen Europa-Schwärmern gegenüber – dabei haben natürlich beide recht. »Die großen Ideale, die Europa inspiriert haben«, so erklärt es Franziskus, scheinen ihre »Anziehungskraft« verloren zu haben »zugunsten von bürokratischen Verwaltungsapparaten«. Dennoch bleibe für ihn Europa das weltweit relevante und attraktive Projekt, das »kostbarer Bezugspunkt für die ganze Menschheit« sei.

In der Analyse der Schwäche singt der Papst – quasi von Amts wegen – das hohe Lied der Transzendenz, ohne jedoch in wehleidige Säkularismus- oder Laizismuskritik zu verfallen. Wie Papst Johannes Paul II. von den zwei Lungenflügeln Europas, des östlichen und des westlichen, gesprochen hat, bemüht Franziskus nun die Bipolarität von oben und unten, von Himmel und Erde. Ausgerechnet Platon und Aristoteles nennt er als seine Gewährsmänner, die »Welt der Ideen« auf der einen Seite, und die »Erde der konkreten Wirklichkeit« auf der anderen Seite. Der Papst will den Europäern wieder Ideale beibringen, er fordert ein Europa, das sein »Gesicht wiederentdeckt«, die eigene Identität pflegt – auch gegen die Versuchungen eines reinen Pragmatismus und Individualismus. Die Zukunft hänge eben von der »Wiederentdeckung« dieser Verknüpfung von »Himmel und Erde« ab. Ohne die »transzendente Dimension« würde Europa Seele und Humanität verlieren, so der Papst. Da mögen nicht alle im Parlament zugestimmt haben. Aber es ist eben die tiefe Erkenntnis des Papstes, dass nur wer einen geistigen Überbau hat, auch nur ganz unten die Niederungen des Bürokratismus bekämpfen kann. Und mehr noch: Nur wer seine religiösen Wurzeln zu nutzen wisse, sei vor Extremismus gefeit und zu Frieden und Versöhnung fähig, sagt der Papst.

»Wo ist deine Kraft?«, fragt Franziskus. Er spricht vom müden, verletzten Europa, das sich von »Neuheiten, die von anderen Kontinenten kommen, belagert« fühlte. Er beklagt eine »Globalisierung der Gleichgültigkeit«, die entstehe, wenn aus Menschenrechten allein individualistische Rechte würden. Erstaunlich ist, dass diese Fundamentalkritik kaum ge- oder sogar überhört wurde. Konkret benennt der Papst die Flüchtlingsproblematik (»Mittelmeer als Massengrab«), diese wichtige Botschaft schaffte es dann auch in die Fernsehnachrichten. Doch die tiefergehende Botschaft der Straßburger Reden scheint nicht bei allen angekommen oder auch nicht angenommen worden zu sein. Der Papst hat noch mehr zu sagen – da lohnt das Nachlesen und Sich-wachrütteln-Lassen.

*Volker Resing*

Volker Resing (44) ist Chefredakteur der »Herder Korrespondenz«. Er lebt und arbeitet in Berlin und ist auch als Buchautor tätig. Zuletzt erschien von ihm »Die Kanzlermaschine – Wie die CDU funktioniert«.